Los autobuses escolares

Quinn M. Arnold

CREATIVE EDUCATION

semillas del saber

Publicado por Creative Education
P.O. Box 227, Mankato, Minnesota 56002
Creative Education es una marca editorial
de The Creative Company
www.thecreativecompany.us

Diseño de Ellen Huber; producción de Dana Cheit
Dirección de arte de Rita Marshall
Impreso en los Estados Unidos de América
Traducción de TRAVOD, www.travod.com

Fotografías de Dreamstime (Anatoliy Samara), iStockphoto
(alacatr, ArtBoyMB, BanksPhotos, chris-mueller,
DigtialStorm, FrankvandenBergh, Ignatiev, kenneth-cheung,
Kubrak78, lisegagne, MBPROJEKT_Maciej_Biedowski,
monkeybusinessimages, Nerthuz, pyzata, sihuo0860371,
StphaneLemire, suprun, Willowpix, wsfurlan), Shutterstock (Jaren
Jai Wicklund)

Información del Catálogo de publicaciones de la Biblioteca
del Congreso is available under PCN 2018931129.
ISBN 978-1-64026-108-2 (library binding)

9 8 7 6 5 4 3 2 1

TABLA DE CONTENIDO

¡Hola, autobuses escolares! 4

Transportistas comunitarios 6

Autobuses grandes amarillos 8

Detenerse por seguridad 10

Conducir el autobús 13

Salida de emergencia 14

¿Qué hacen
los autobuses escolares? 16

¡Adiós, autobuses escolares! 19

Dibuja un autobús escolar 20

Palabras que debes saber 22

Índice 24

¡Hola, autobuses escolares!

Los autobuses escolares recorren los vecindarios.

Llevan a los estudiantes hacia y desde las escuelas.

La mayoría de los autobuses escolares son amarillos. Tienen rayas negras en los costados.

Algunos tienen un elevador de sillas de ruedas.

Los autobuses escolares tienen luces intermitentes. Se despliega una señal de detención.

Los demás vehículos se detienen. Los chicos cruzan la calle.

El conductor de un autobús escolar abre la puerta. El conductor mantiene seguros a los chicos en el autobús.

Los autobuses escolares
son vehículos largos.
Hay muchos asientos
en un autobús escolar.

Se puede abrir una puerta
trasera en una emergencia.

Los autobuses escolares
recogen a los estudiantes.
Los dejan en la escuela y los
deportes.

Llevan a los chicos a la casa.

¡Adiós, autobuses escolares!

Dibuja un autobús escolar

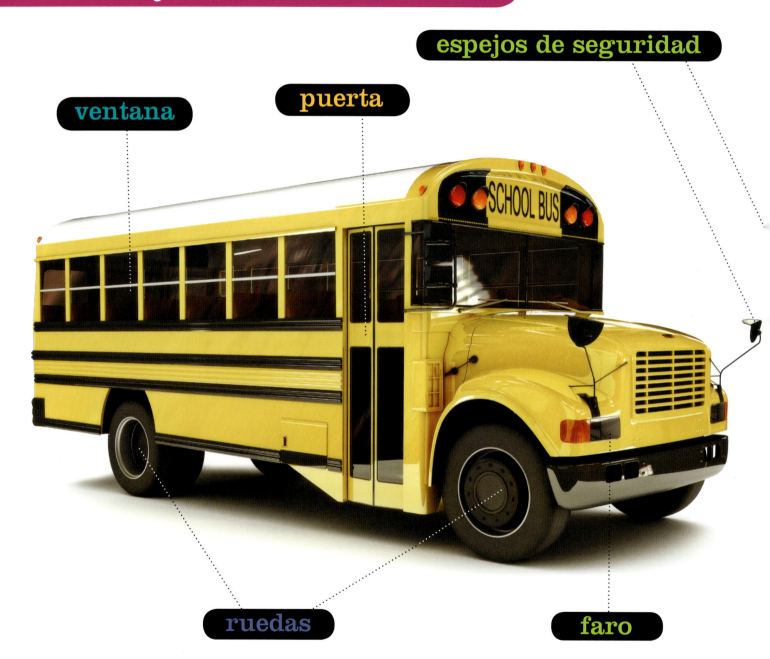

espejos de seguridad

ventana

puerta

ruedas

faro

SCHOOL BUS

luces intermitentes

volante

paragolpes

señal de detención

salida de emergencia

Palabras que debes saber

elevador de sillas de ruedas: una máquina especial que levanta a una persona y su silla de ruedas por encima de los escalones

emergencia: algo inesperado y a menudo peligroso que sucede de repente

vehículos: máquinas tales como automóviles o camiones que trasladan a las personas o cosas por tierra

Índice

asientos 14

conductores 13

elevadores de sillas
  de ruedas 9

emergencias 15

escuelas 7

estudiantes 7, 16

luces 10

puertas 13, 15

señales de detención
  10